Impressum

@ Renate Blaes, 2. und erweiterte Auflage 2017

Satz und Umschlaggestaltung: Renate Blaes

www.renateblaes.de

Verlag: Edition Blaes

Am Steig 11, 86938 Schondorf

www.editionblaes.de

ISBN 978-3-942641-51-7

Renate Blaes

Advent, Advent …

Weihnachtsgeschichten

edition blaes

Inhalt

Zeit der Liebe

Weihnachten ist die Zeit der Liebe.« Mit gold-farbenem Lackstift geschrieben stehen diese Worte auf einem dicken Herz aus Ton. Meine Freundin Lisa hat es mir vor ein paar Jahren geschenkt. Zu Weihnachten natürlich. Und seitdem hängt es jedes Jahr in der Adventszeit immer wieder an meinem Küchenfenster. Nicht zur Dekoration, sondern als Mahnmal.

Wir waren damals eine Handvoll Freunde – alle mal wieder Single – und hatten beschlossen, den Heiligen Abend nicht trübsinnig allein, sondern vergnügt gemeinsam zu verbringen. Bei Gans, Kartoffelklößen, Rotkraut und Rotwein und in aller Harmonie, selbstverständlich.

Wir, das waren Lisa, Anna, Hartmut und meine Wenigkeit. Drei Frauen und ein Mann, das Verhältnis war also nicht ausgeglichen, aber das kümmerte keinen. Schließlich kannten wir uns lange genug, hatten in Studienzeiten so manche Nacht durchzecht, miteinander Tennis gespielt, Skitouren unternommen und mit aufrichtiger Anteilnahme gegenseitig die unendlichen Geschichten angehört, wenn mal wieder eine hoffnungsvolle Beziehung wie eine Seifenblase zerplatzt war.

Hartmut war der Gastgeber und für die Gans zuständig, Anna für das Rotkraut, ich für Salat und Klöße und Lisa, Spezialistin in Sachen Nachtisch, für die Mousse au Chocolat, die sie bereits zu Hause zubereitet hatte, weil die Stunden braucht, um fest zu werden. Lisa war also die Einzige, die nichts zu tun hatte. Nüsse knackend und Rotwein trinkend saß sie am Esstisch und unterhielt uns unter Gekicher mit Zoten aus ihrem Liebesleben. Da gab es viel zu erzählen, weil Lisa eine sehr attraktive Frau ist und die Männer hinter ihr her sind wie der Teufel hinter der armen Seele – was Lisa weidlich nutzt.

Sie berichtete gerade von einem ihrer zahlreichen amourösen Abenteuer, als das Telefon klingelte. Hartmut ging ran, horchte eine Weile wortlos in den Hörer und sagte dann: »Mensch, Friedel, komm doch einfach her. Wir haben genug zu essen.« Zustimmung heischend schaute er uns. »Und ein Mann mehr kann auch nicht schaden«, fügte er hinzu. »Also schwing dich ins Auto!«

Er legte auf und begab sich wieder zur Gans, die er jede Viertelstunde mit Bratenflüssigkeit begoss, damit die Haut schön knusprig wurde. Friedhelm war also im Anmarsch. Er ist ein Kollege von Hartmut, und ich kann den Kerl nicht leiden, weil er ein Lahmarsch ist und ein Langweiler dazu. Seine Bewegungen haben Zeitlupencharakter, er kriegt die Zähne nicht auseinander und grinst bei unseren Gesprächen immer dämlich, ohne irgendetwas von sich preiszugeben allerdings. Wir haben also keine Chance, genauso dämlich zurück zu grinsen. Das finde ich unfair. Lisa teilt meine Meinung.

Die Hauptspeise in der Röhre glänzte verlockend und verbreitete einen Geruch, bei dem einem das Wasser im Mund zusammenlief, das Rotkraut dampfte, und die Klöße schwammen alle schon an der Oberfläche des Garwassers, als die Hausklingel schellte. Da der Gastgeber gerade mit der Gans beschäftigt war und Lisa keine Anstalten machte aufzustehen, wischte ich mir die mehligen Hände an der Schürze ab und ging widerwillig zur Tür, um Friedhelm reinzulassen.

»Grüß Gott«, knurrte ich.

»Hi, wie gehts?«, nuschelte er grinsend und schlurfte in die Küche, wo er sich am Esstisch niederließ und nach einem Glas Wein fragte. Ein Gastgeschenk hatte er nicht dabei, was mich nicht wunderte, weil Friedhelm Schwabe ist. Dieser Spezies wird ausgeprägte Sparsamkeit nachgesagt, und Friedhelm ist das wandelnde Beispiel für die landläufige Meinung, dass in jedem Vorurteil auch ein Fünkchen Wahrheit steckt.

Lisa holte ein weiteres Gedeck und ein Glas und deutete gönnerhaft auf die Rotweinflasche, die auf dem Tisch stand. Ein teurer Bordeaux. Friedhelm füllte sein Glas bis zum Rand und prostete uns zu. Ich erwiderte seine Geste mit einem unfreundlichen Blick, sagte aber nichts, sondern rührte die Salatsoße an. Anna füllte derweil das Rotkraut in eine mit Weihnachtsmotiven verzierte Porzellanschüssel, und Hartmut holte die Gans aus dem Ofen.

»Kann mir mal einer helfen?«, sagte er und

schaute in die Runde. Friedhelm leerte sein Glas und erhob sich ächzend vom Stuhl.

»Melde mich zur Stelle!«

Er führte seine Hand militärisch zur Stirn und grinste einfältig. Dann wollte er wissen, was zu tun sei. Die Gans solle er festhalten, sagte Hartmut und griff zur Geflügelschere.

»Ha, des mach i doch glatt«, meinte Friedhelm, griff nach einer Gabel, stieß sie der Gans in den Bürzel, und Hartmut legte los. »Schnapp!« machte die Geflügelschere und rutschte vom Gelenkknochen ab. »Aua!«, schrie Friedhelm und schaute entgeistert auf seine Hand, aus der Blut quoll und auf den Terrakottaboden tropfte. Anna hastete ins Bad, um Verbandszeug zu holen.

Nachdem der Patient versorgt war und mit in Mull eingewickeltem Daumen am Tisch saß, konnten wir endlich essen, doch irgendwie wollte keine Stimmung aufkommen. Vorwurfsvoll schielte ich zu Friedhelm hinüber, der mit leidendem Gesichtsausdruck an einer Gänsekeule nagte, als die Hausklingel wieder schellte. Hartmut ging nach draußen und kam – eingerahmt von Exfrau und gemeinsamem Sohn Moritz – wieder zurück. Verblüfft schauten wir den drei entgegen. Keiner sagte was, stattdessen rückten wir zusammen. Ich legte zwei Gedecke nach.

Moritz, ein scheidungsgeschädigter, siebenjähriger Knabe, zwängte sich neben Lisa und stocherte lustlos in einem Kartoffelkloß herum.

»Das schmeckt mir nicht«, nörgelte er.

»Es wird gegessen, was auf den Tisch kommt«, meinte Lisa kategorisch.

»Ich will aber nicht!«, quengelte Moritz und traktierte den Kloß solange, bis er vom Teller rutschte, über den Tischrand kullerte und auf Lisas Schoß landete. Lisa überlegte keine Sekunde und gab Moritz eine Ohrfeige.

Moritz wimmerte theatralisch.

»Wer gibt dir das Recht, mein Kind zu schlagen«, stieß Hartmut hervor und erhob sich erbost von seinem Stuhl, der scheppernd umfiel. Moritz wimmerte immer noch, schaute aber interessiert auf seinen Erzeuger.

»Ach«, fauchte Lisa, während sie einen Soßenfleck auf ihrer Seidenhose inspizierte, »dieses verwöhnte Blag hat schon längst mal ne Tracht Prügel verdient.«

»Du auch«, brüllte Hartmut, »du Nutte!« Er rannte um den Tisch rum und haute ihr eine runter. Lisa ihrerseits fackelte auch nicht lange, griff nach ihrem Rotweinglas, kippte den Inhalt Hartmut ins Gesicht, zischte »blöder Wichser« und schoss nach draußen. Krachend fiel die Haustür hinter ihr ins Schloss.

Keiner sagte was, wir starrten uns nur fassungslos an. Hartmuts ehemals blütenweißes Hemd war übersät mit himbeerfarbenen Flecken, sah aber ganz hübsch aus.

Zur Christmesse wollte dann auch keiner mehr, und nach einer Stunde mit zähen Gesprächen beschloss ich, nach Hause zu fahren, um mir den amerikanischen Schwarz-Weiß-Film mit Spencer Tracy und Kathrine Hephurn anzusehen. Ein Liebesfilm natürlich, weil ich Liebesfilme grundsätzlich mag. Und weil Weihnachten die Zeit der Liebe ist. So steht es zumindest auf dem Tonherz, das zurzeit mal wieder in meiner Küche hängt.

Dr. Wenzel

Er maß höchstens einen Meter fünfundsechzig, hatte ein paar Kilo zu viel und einen erstaunlich großen Kopf. Obendrauf seine Halbglatze, umringelt von weißen Schaflöckchen. Seine gut durchbluteten Wangen waren rund und fest und erinnerten an Herbstäpfel. Wenn er lächelte, wurden seine Augen zu schmalen blauen Schlitzen. Gleichzeitig spitzte er seinen Mund, als wolle er pfeifen oder Küsschen geben. Er lächelte oft.

Dr. Friedrich Wenzel war emeritierter Jurist und Leiter der anthroposophischen Buchhandlung in dem kleinen Verlag in Freiburg, wo ich damals arbeitete. Ich war fünfundzwanzig, er siebenundsechzig. Wir verstanden uns vom ersten Moment an, als er aufmerksam in meine Augen blickte, seine Hand warm und zärtlich um meine legte, sie ein paar Sekunden festhielt und mich liebevoll willkommen hieß.

Seine Bücherstube lag direkt unter meinem Büro, und wann immer meine Zeit es erlaubte, besuchte ich ihn.

Klein und rundlich saß er inmitten von unübersichtlichen Bücherstapeln, die randlose Brille hing so weit unten auf der Nasenspitze, dass sie Gefahr lief, jeden Moment abzustürzen. Immer wenn ich dachte, jetzt ist es soweit, beschrieb sein rechter Zeigefinger eine schnelle, kleine Linkskurve und schob mit kurzem Ruck die Brille aus der Gefahrenzone. Eine Minute später hing sie wieder unten, und deshalb gehörte die Brillenschiebebewegung genauso zu dem alten Herrn wie seine Schaflöckchen.

Friedrich Wenzel saß stets auf einem uralten Holzstuhl ohne Rollen. Den Austausch gegen das chromblitzende Ergonomie-Wunder namens Ergoflex, mit dem der ganze Verlag eines Tages beglückt wurde, hat er kategorisch abgelehnt. »Brauch ick nich, will ick nich«, berlinerte er, als sie ihm den neuen Stuhl mit sanfter Gewalt unter den Hintern schieben wollten. Er blieb eisern. Ergoflex stand unbesessen und zweckentfremdet in einer Ecke und entschwand allmählich dem Auge des Betrachters, weil Friedrich ihn systematisch mit Büchern zumauerte.

Er trug ausschließlich graue Flanellhosen, schwarze Schuhe mit Lochleder-Applikation und maßgeschneiderte Baumwollhemden. Fast alle waren blau gestreift, und seine Jacketts hatten ausnahmslos kleine Karos. Um den Hals band er sich meistens eine Seidenkrawatte mit winzigen Figuren, Golfspielern zum Beispiel. Manchmal ersetzte er die Krawatte durch ein Tuch, auch aus Seide, mit blauem, rotem oder grünem Hintergrund. Friedrichs Outfit war *very british* und das konsequent. Er roch nach edlem Rasierwasser, seine Fingernägel waren perfekt maniküert; er war ein ausgesprochen ästhetischer Mann.

Kündigte das kleine Glockengeläut an der Eingangstür leise bimmelnd einen Kunden an, schoss er wie ein Zwanzigjähriger hinter seinem Mahagoni-Schreibtisch hervor und eilte mit federnden Schritten seinem Besuch entgegen. War es ein Mann, legte er seine linke Hand auf den Rücken und reichte dem Gegenüber mit einer kleinen Verbeugung die Rechte. War es eine Frau, schenkte er ihr einen formvollendeten Handkuss. Er war Gentleman von Kopf bis Fuß.

Normalerweise war nicht allzu viel los in der kleinen Buchhandlung. Bis auf die Wochen vor Weihnachten. Da gaben sich die Kunden die Klinke in die Hand. Friedrich Wenzel brauchte Hilfe, und die bekam er.

»Darf ich Ihnen meine Frau vorstellen?«

Da stand sie vor mir. Schlank, Mitte sechzig, ihre Augen so blau wie seine, die Haare grau und hochgesteckt, goldgeränderte Brille, Perlen in den Ohrläppchen, Perlen um den Hals. Zu dem karierten Rock aus englischem Tuch trug sie eine blau gestreifte Baumwollbluse. Auch sie wirkte *very british* und streckte mir lächelnd die Hand entgegen.

»Ich freue mich, Sie endlich kennenzulernen. Mein Mann hat mir oft von Ihnen erzählt.«

In den nächsten Wochen hatte ich häufiger Gelegenheit, die beiden zu beobachten. Das tat ich ausgiebig und mit Wonne. Im wahrsten Sinn des Wortes. Diesem alten Ehepaar zuzusehen, war ein echtes Erlebnis. Allein wie sie sich zwischendurch anschauten. Diese aufmerksame Vertrautheit zwischen blauen Augenpaaren drückte mehr aus als ein dicker Liebesroman. Wollte sie mehr als fünf Bücher irgendwo hinschleppen, war er zur Stelle, nahm sie ihr freundlich, aber bestimmt aus den Händen und trug sie dort hin, wo sie sie haben wollte. Erstaunlich war, dass sie nie zu sagen brauchte, wohin, er wusste es von allein. Intuitiv.

Und wenn sie reinkam und er bereits da war, begrüßte er sie. Nicht etwa mit einem flüchtigen Hallo. Nein. Wenn er auf seinem Holzstuhl saß, stand er selbstverständlich auf, ging rasch auf sie zu, legte ihr die Arme um die Schultern, zog sie an sich und küsste behutsam ihre Wange. Auch ein Kunde konnte ihn von diesem Ritual nicht abhalten. Ein höflich-freundliches »Entschuldigen Sie mich bitte«, und er ging seiner Frau entgegen. Nie war einer darüber konsterniert, im Gegenteil. Jeder schaute fasziniert zu. Irgendwie war das nicht zu fassen. Es war wie im Traum oder im Märchen. Denn die Realität kannte ich anders. Und ich verspürte ein seltsames Gefühl in meinem Bauch, eine Mischung aus Rührung, Betroffenheit und Hoffnung.

Wenn sie nachmittags kam, brachte sie ihm immer ein Stück Kuchen mit. Oder Plätzchen. Aus der winzigen Küche drang aromatischer Kaffeeduft nach draußen und schlängelte sich durch die Bücherregale. Friedrich hob erwartungsvoll den Kopf.

Neben das Kuchenstück oder die Plätzchen legte sie einen Tannenzweig, den Kaffee verrührte sie mit Milch und Zucker. Dann stellte sie das kleine antike Silbertablett vor ihm auf den Schreibtisch und strich mit einer zarten Bewegung über seine Schaflöckchen. Er lächelte zufrieden.

Am Tag vor Heiligabend ging ich nach unten, um mich zu verabschieden. Dr. Wenzel drückte mich an sich, und ich gab ihm einen Weihnachtskuss. Seine Frau stand ein paar Meter weiter, schaute zu und meinte:

»Da hält der alte Mann seinen dicken Kopf hin und diese hübsche junge Frau gibt ihm doch tatsächlich einen Kuss drauf.« Sie lachte herzlich. In ihren Worten steckte kein Fünkchen Spott oder Ironie, sondern Wärme, Zuneigung und Vertrauen, und diese aufrichtigen Gefühlsbande zwischen dem alten Ehepaar berührten mich ganz tief in meinem Herzen.

Anfang Januar war wieder Ruhe in der Bücherstube eingekehrt. Ich saß ihm gegenüber, schaute in sein freundliches Gesicht und sagte:

»Sie sind sehr glücklich mit Ihrer Frau, nicht wahr?«

»Oh ja!« Friedrich Wenzel strahlte übers ganze Gesicht. »Aber das war nicht immer so. Wir mussten uns zusammenraufen. Wir mussten lernen, auch in schwierigen Zeiten zueinanderzustehen und Verantwortung zu übernehmen. Wir mussten lernen, uns gegenseitig zu achten und zu respektieren, auch dann, wenn wir eigentlich keine Lust dazu hatten. Tja, Kindchen, wir mussten die Liebe lernen. Aber es hat sich gelohnt!«

Später sah ich die beiden Hand in Hand dem Münsterplatz zustreben. Das tägliche Viertel Wein wartete auf sie.

Weihnachten ohne Irma

Geschafft. Erschöpft lässt sich der kleine, alte Mann auf den Sitz am Fenster plumpsen. Gott sei Dank hat er sich einen Platz reservieren lassen. Mit diesen Menschenmassen jetzt um einen Platz rangeln zu müssen, das würde er nicht verkraften. Aber er hatte sich so was gedacht, er war schon immer vorausschauend. Seiner Frau war das öfter auf die Nerven gegangen, aber im Nachhinein war sie dann doch froh gewesen, auch wenn ihr schwerfiel, es zuzugeben. Meistens hatte sie auch gar nichts gesagt, sondern nur sanft seinen Handrücken getätschelt und mit ihren warmen braunen Augen auf ihn herabgelächelt. Sie war zehn Zentimeter größer als er.

Neben einem bunten Geschenkkarton liegt leichtgewichtig ein Schweinslederkoffer auf der Gepäckablage. Er hat nie viel dabei, wenn er verreist. Ein paar Hemden, Socken, Unterwäsche und ein zweites Paar Schuhe. Das hat immer gereicht. Zumindest, wenn er seine Tochter besucht. So wie in den vergangenen Tagen. Weihnachten war das so Usus. Weihnachten hatten sie immer bei Laura verbracht. Er und seine Frau.

Dieses Mal allerdings war er allein, sie hatte es schon vor Monaten angekündigt. Alle hatten erschreckt abgewinkt und gemeint, sie solle doch nicht solche Sachen sagen, der kleine Markus hatte sogar geweint. Sie nahm ihn auf den Schoß, strich seine blonden Locken nach hinten und flüsterte ihm Zauberworte ins Ohr, denn er strahlte gleich wieder. Der alte Mann weiß bis heute nicht, was sie ihm gesagt hat.

Es klopft an die Scheibe, vier fröhliche Gesichter drücken sich die Nase platt und Carola ruft etwas, das er nicht versteht. Er ist schon seit Jahren schwerhörig. Carola zappelt aufgeregt und deutet mit dem Finger in Richtung Gepäckablage. Jaja, es ist alles in Ordnung, er nickt müde und winkt, während der Zug langsam aus dem Bahnhof rollt. Er will jetzt nach Hause. Er liebt Kinder und Enkel, aber vier Tage Trubel reichen. Sie halten ihn permanent auf Trab. »Bitte, Opa, die Geschichte von Schneewittchen, aber nicht so wie die im Buch, deine Geschichte ist viel schöner.«

Er modelt sie alle um, die Märchen. Vorlesen kann jeder, aber eigene Versionen entwickeln, das ist was anderes. Er war schon immer gut im Geschichtenerzählen. »Aus Ihnen wird mal ein Schriftsteller«, orakelte vor vielen Jahren sein Deutschlehrer, der trotz Holzbein munter das Klassenzimmer durchquerte und Schiller zitierte. Dabei hatte der Junge gar keine schriftstellerischen Ambitionen, verfasste lediglich kleine Betrachtungen über Menschen. Ein bisschen ironisch, ein bisschen komisch und trotzdem liebevoll.

Später schrieb er Liebesgedichte, das lag an Irma, der großen Blonden mit den langen Haaren. Er konnte gar nicht fassen, dass sie sich für ihn interessierte, denn er fand sich weder attraktiv noch besonders intelligent. Zudem war er kleiner als sie.

Sie gingen drei Jahre miteinander und heirateten an einem sonnigen Freitag im Mai. Die Feier war bescheiden, es war Nachkriegszeit, aber es gab genug zu essen und zu trinken, und er war glücklich. Irma auch, sie strahlte und lachte in einem fort. Er war mächtig stolz. So eine schöne Frau, und ausgerechnet ihn hatte sie sich ausgesucht.

Pünktlich neun Monate später waren sie zu dritt. Laura war so blond wie seine Frau, nur die Augen hatte sie von ihm. Blaue Augen und blonde Haare. Die Männer werden ihr nachrennen, befürchtete er und sollte recht bekommen.

Als sie dann nach Hamburg zog, um Medizin zu studieren, schlief er ein paar Wochen schlecht, was sich gab, als sie ihnen Olaf vorstellte. Olaf war Assessor, zehn Jahre älter und wollte sie unbedingt heiraten. Er unterstützte dieses Vorhaben intensiv und freute sich schon auf die Enkel. Allerdings musste er lange warten. Fünf Jahre alles in allem. Er hatte die Hoffnung bereits aufgegeben, als sie eine Karte mit einer merkwürdigen Nachricht bekamen. »Die Bevölkerung Hamburgs nimmt ständig zu«, hieß es da. »Was soll denn das bedeuten«, fragte er Irma. Sie nahm ihm die Karte aus der Hand, schaute kurz drauf und meinte, das sei doch vollkommen klar. Was es da zu rätseln gäbe.

Irma war überhaupt viel schneller im Begreifen als er. Nicht nur im Begreifen. Auch sonst. Und das konsequent bis zuletzt. »Ich werde mich bald verabschieden«, meinte sie. Er wollte es nicht glauben – auch nicht, als es so weit war. Als sie blass im Krankenhausbett lag und ihn anlächelte. »Wir werden uns wiedersehen«, flüsterte sie und tätschelte seinen Handrücken.

Er vermisst sie unsäglich. Diese Weihnachten ohne sie war eine seelische Tortur, andauernd sah er sie vor sich. Wie sie die Ente mit Zuckerwasser bestrich, Kartoffelklöße auf dem bemehlten Küchentisch ausrollte oder mit kindlicher Neugierde Geschenke auspackte. Akribisch entknotete sie die Schleifen, wickelte vorsichtig das Papier von den Kartons und legte es ordentlich zusammen. »Das kann man wieder verwenden. Ihr seid heutzutage viel zu verschwenderisch«, meinte sie, und er nickte zustimmend.

Für die anderen war diese Weihnachten wohl so wie immer. Sie schienen sie gar nicht zu vermissen. Keiner erwähnte sie auch nur mit einem Wort, er auch nicht. Er behielt seine Sehnsucht für sich. Nur nachts im Bett, wenn die Dunkelheit ihren schützenden Mantel um ihn legte, ließ er seinen Gefühlen freien Lauf. Da durften sie kullern, die Tränen. Er hatte immer schon Probleme mit seinen Gefühlen gehabt. Konnte sie nie richtig zeigen. Erst recht keine Tränen. Auch bei Irma hatte er sich zurückgehalten. Aber im diskreten Dunkel war es unendlich wohltuend. Der kleine, alte Mann schluchzte leise vor sich hin, und am nächsten Morgen ging es ihm besser.

Der Schaffner kommt und verlangt nach der Fahrkarte. Stutzt, deutet auf die Gepäckablage, faselt irgendwas und greift nach der Schachtel neben dem Koffer. Die Schachtel piepst, die Schnur darum herum ist leicht aufzuziehen. Der Deckel lüpft sich von allein, ein haariges Gesichtchen taucht auf, miaut jämmerlich. Grüne Augen irren ängstlich umher, und auf einem karierten Zettel steht: »Lieber Opa, wir wissen, wie sehr dir Oma fehlt. Deswegen schenken wir dir

Klärchen. Mit ihr kannst du schmusen, wenn du dich alleine fühlst. Wir haben dich sehr lieb.«

Während er die krakelige Kinderschrift entziffert, stehlen sich Tränen aus den Augenwinkeln, und er schämt sich überhaupt nicht.

Oliver und der Nikolaus

Der kleine Junge ist gerade dabei, mit Indianergeheul das feindliche Lager zu stürmen. Er und seine Kameraden schwingen bereits mit stolzer Geste die Kriegsbeile, als ein gemeines Geräusch den Siegestaumel unerwartet abwürgt. Zur gleichen Zeit verschwinden alle Farben und Bilder durch ein schwarzes kleines Loch, wie wenn mitten in einem spannenden Film der Fernseher den Geist aufgibt. Es ist aber nur der Wecker, der unbarmherzig den Traum ausknipst.

Die Siegesfreude klopft noch in dem kleinen Herz, während seine Augen angestrengt durch die Dunkelheit dringen, um herauszufinden, wie spät es ist. Halb sechs sagen die grünen Leuchtziffern. Er wundert sich. Warum habe ich denn den Wecker gestellt? Es fällt ihm nicht mehr ein. Aber es hat einen wichtigen Grund, das weiß er genau. Kurz entschlossen drückt er auf den Schalter der Nachttischlampe. Der goldmatte Schein fällt auf einen kleinen Zettel, der schräg zwischen Lampe und Wecker steckte. Überrascht greift der Junge nach dem Zettel. Darauf steht, fein säuberlich mit Kleinjungenschrift geschrieben: »Nicht vergessen!!! Ich bin böse auf Mami und Papi!!!«

Das hat Schwerwiegendes zu bedeuten. Aber was? Er grübelt. Ach ja, natürlich. Sie hatten ihn mal wieder ertappt. Ertappt bei seiner großen Leidenschaft. Als seine Mutter gestern nach dem Abendessen zielstrebig zum Tiefkühlschrank ging, schwante ihm schon Böses. Nach ein paar Sekunden war es dann soweit. Sie öffnete die Tür, zog die mittlere Schublade heraus, griff die Schachtel mit dem Schokoladeneis, schubste mit einer schnellen Bewegung ihrer beiden Daumen den Deckel nach oben und dann, nachdem sie fassungslos mehrere Sekunden schweigend in die Schachtel hineingestarrt hatte, sagte sie, ohne jegliche Regung: »Oliver hat schon wieder das ganze Eis aufgegessen.«

Tatsächlich. Das hatte er. Er mag Schokoladeneis für sein Leben gern. Und am liebsten isst er den Inhalt einer ganzen Familienpackung hintereinanderweg. Es wird ihm überhaupt nicht schlecht davon. Im Gegenteil, er genießt jeden Löffel. Vom Anfang bis zum Schluss.

Das Ganze ist eine Zeremonie. Und es darf niemand zu Hause sein. Kein Mensch. Tollkühn schlendert er in die Küche, holt erst einen Suppenlöffel aus der Schublade und danach das Eis aus dem Tiefkühlschrank. Absoluter Höhepunkt dieses Vergnügens ist eine nagelneue, jungfräuliche Schachtel. Ganz langsam zieht er den gezackten Kartonstreifen auf der Längsseite auf, dann lässt er die Plastikschachtel aus der Hülle rutschen und betrachtet verliebt die auf dem Deckel abgebildeten prallen, dunkelbraunen Kugeln, die ihm vielversprechend entgegenlachen und höchste Sinnesfreuden ankündigen. Er kniet auf dem Stuhl, das Gesicht hängt über der Schachtel, und er zieht mit seinem kleinen Zeigefinger liebevoll die Konturen der Kugeln in der feinen Kondensschicht nach, während ihm ganz hinten an der Gurgel voller Vorfreude schon das Wasser zusammenläuft. Den Vollzug zögert er absichtlich ein wenig hinaus. Als kleines masochistisches Vorspiel sozusagen. Er wartet so lange, bis er es schier nicht mehr aushält und ungestüm den Deckel runterreißt.

Genüsslich taucht er den Löffel in das Objekt seiner Begierde und schabt im Zeitlupentempo dicke, fette Schokoladenspäne ab. Sie sehen aus wie Rosenknospen. Kalte, braune Rosenknospen.

Knospe für Knospe legt er auf seine Zunge und lässt mit geschlossenen Augen die zarte Masse im Munde zergehen. Dann presst er die körperwarm gewordene Soße mehrmals durch seine Zähne hin und zurück, saugt den Schokoladengeschmack durch alle Poren und schluckt schließlich das Ganze mit einem leisen Glucksen. Es ist grandios, einfach göttlich. Es ist das Schönste auf der Welt. Wenn er groß ist, wird er Besitzer einer Eiscremefabrik, das steht fest.

Tja, und dann ist die Schachtel irgendwann leer. Und nach dem Genuss kommt die Reue beziehungsweise das schlechte Gewissen. Auweia, das würde Ärger geben. Und damit dieser auf sich warten ließ, fiel ihm diese Superidee ein, die leere Schachtel wieder zurückzustellen – ganz so, als ob nichts gewesen wäre. Denn würde er sie in den Mülleimer schmeißen, käme ihm seine Mutter sofort auf die Schliche. Also besser ein paar Tage Galgenfrist.

Gestern Abend aber war es dann mal wieder soweit. Sein Vater sagte nichts, schaute ihn lange aufmerksam an und seufzte nur. Sein älterer Bruder dagegen brüllte aufgebracht: »Ich hau dir eine auf die Rübe, du Schwein!« und wollte schon zur Tat schreiten, als seine Mutter meinte, so könne es nicht mehr weitergehen, es müssten nun andere Seiten aufgezogen werden.

Und dann hatten sie gemeinsam ausgeheckt, dass er eine Woche lang nicht mehr Alf gucken dürfe. Das war gemein und traf ihn an genau der Stelle, die am meisten wehtat. Alf, das war sein geheimer Kumpel. Alf würde das mit dem Schokoladeneis total verstehen. Und außerdem stellte der auch dauernd irgendwelche komischen Sachen an. Oliver hockt dabei immer in dem dicken Ledersessel von seinem Vater und kichert vergnügt in sich hinein, wenn Alf seinen dicken, haarigen Finger mal wieder in einem Pudding versenken will.

Und jetzt hatten sie sich das Alf-Verbot ausgedacht. Das würde er ihnen nicht verzeihen. Und sie würden ihre wohlverdiente Strafe bekommen. Jawohl. Er würde auswandern. In ein Land, in dem es so heiß war, dass man die ganze Zeit Eis essen muss. Afrika war bestimmt prima geeignet dafür. In Afrika laufen alle fast nackt rum, weil es sonst keiner aushält vor Hitze. Das ist Olivers feste Meinung.

Schnell packt er seinen kleinen Rucksack mit dem Notwendigsten. Ein paar Tim-und-Struppi-Heftchen, sein grünes Schweizer Messerchen, eine Rolle Kekse, mit Schokoladenfüllung natürlich, und Brummi, seinen Teddybär.

Er zieht sich an und geht zu seinem kleinen Schreibtisch, reißt ein Blatt aus seinem Rechenheft und schreibt in die Karos: »Ich wandere aus. Nach Afrika. Und ihr werdet mich ganz arg vermissen. Oliver.«

Den Zettel legt er mitten im Raum auf den Fußboden. Dann schleicht er auf leisen Sohlen durch den Flur zur Schlafzimmertür seiner Eltern. Sein Vater schnarcht in regelmäßigen Zügen. Alles in

Ordnung. Er tappt die Treppe nach unten, zieht seinen grünen Anorak mit Tigerfutter an, setzt die Zipfelmütze auf, hängt sich den Rucksack auf den Rücken und verlässt das Haus. Dumpf klackt die Tür hinter ihm ins Schloss.

Wild entschlossen und mit großen Schritten tappt der kleine Kerl im diffusen Licht der Straßenlaternen in Richtung Bahnhof. Sein Atem verwandelt sich in kleine Wölkchen, die erst eine Weile seinem Kopf hinterher schweben, dann allmählich in der Dunkelheit verschwinden.

Wacker kämpft er gegen seine Angstgefühle an und marschiert mit tief in die Taschen seines Anoraks gebohrten Händen weiter, als er plötzlich eine schwere Hand auf seiner Schulter spürt und eine tiefe Stimme fragt: »Na, kleiner Mann, wohin denn schon so früh?«

Erschrocken bleibt er stehen und dreht den Kopf. Vor ihm steht ein Riese. Mit rotem Mantel, roter Zipfelmütze und langem weißen Bart.

Ojemine, der Nikolaus, fährt es Oliver durch den Kopf. Vorsichtshalber sagt er nichts und wartet ab, was passiert. Der Nikolaus kauert sich vor ihm hin und schaut ihn an. Seine Augen sind kaum zu sehen, weil die Brauen wie gewaltige Schneewechten darüber hängen.

»Was hast du denn vor ... so früh am Morgen?«, fragt der bärtige Mann. »Kleine Jungs wie du liegen um diese Zeit normalerweise doch noch im Bett.«

Oliver windet sich und sucht nach einer plausiblen Erklärung. Leider fällt ihm keine ein, und er entscheidet sich, bei der Wahrheit zu bleiben.

»Ich wandere aus.«

»Soso ... wohin denn?«

»Nach Afrika.«

»Soso, nach Afrika. Na ja, das kann ich verstehen – bei diesem Wetter. In Afrika ist es wenigstens warm.«

»Ja ... und deswegen muss man dort immer Eis essen«, ergänzt Oliver, sehr erleichtert über so viel Verständnis.

»Wissen deine Eltern denn Bescheid über deine Auswanderungspläne?«

Schon wieder so eine unangenehme Frage. Unschlüssig schaut der kleine Kerl am Nikolaus vorbei ins Dunkel. »Och … ehm … vielleicht«, nuschelt er in den Rollkragen seines Pullovers.

»Du bist dir also nicht sicher?«

Dieser Nikolaus fängt an lästig zu werden. »Nein!« Trotzig bohrt der Junge seine Hände tiefer in die Taschen und zieht den Kopf in die Anorakmütze.

»Meinst du, deine Eltern freuen sich, wenn ihr kleiner Sohn so weit weg in einem fremden Land lebt?«

»Weiß nicht.«

»Hast du deine Eltern denn lieb?«

Darüber muss Oliver nachdenken.

»Hm … nicht immer!«

»Wann zum Beispiel denn nicht?«

»Wenn ich nicht Alf gucken darf«, purzelt es aus ihm heraus.

»Aha, verstehe. Was hast du denn angestellt?«

Oliver wundert sich. Woher weiß dieser Nikolaus, dass er was angestellt hat? Dann fällt ihm ein, dass der Nikolaus ja grundsätzlich über alles Bescheid weiß.

»Fast nichts«, brummt er.

Der Nikolaus lacht. Oliver grinst und erzählt ein bisschen verschämt die Geschichte von der leeren Eisschachtel. Der Nikolaus brüllt vor Lachen.

»Komm, wir gehen jetzt zu deinen Eltern. Wo wohnst du denn?«

Insgeheim sehr froh über den unerwarteten Abbruch seiner großen Reise, teilt Oliver dem Nikolaus seine Adresse mit, und gemeinsam stapfen sie in die Richtung, aus der er gerade gekommen war. Unterwegs malt er sich aus, was seine Mutter wohl sagen würde. Bestimmt würde sie schimpfen und einen Tag lang nicht mit ihm reden. Oder er müsste eine Woche lang jeden Mittag den Tisch decken. Oder den Hamsterkäfig sauber machen. Oder sein Zimmer aufräumen. Oder alles zusammen. Und Alf gucken war sowieso verboten. Aber trotzdem. Wer weiß, ob es ihm in Afrika überhaupt gefallen hätte. Und gefährlich wäre es auch gewesen – wegen der wilden Tiere. Löwen, Tiger und so weiter.

Während all diese Gedanken durch seinen Kopf schießen, sind sie auch schon angelangt.

Durch das Küchenfenster dringt Licht. Olivers Mutter macht Frühstück, und der Nikolaus legt seinen behandschuhten Finger auf den Klingelknopf. Schnelle Schritte – dann steht sie vor ihnen, blickt verdutzt von einem zum anderen und stottert: »Eh … was ist denn hier los? Wo kommst du denn her?« Verwirrt schaut sie ihren Sprössling an, den sie offensichtlich noch nicht vermisst hat.

»Er wollte nach Afrika«, grinst der Nikolaus, und Oliver fängt an zu weinen.

»Nach Afrika?!«

Sie bückt sich entsetzt und legt die Arme um ihren Sohn. Der schluchzt herzerweichend und kuschelt sich an ihre Brust. Mittlerweile taucht auch der Vater auf. Mit Rasierschaum im Gesicht und nacktem Oberkörper steht er schlotternd im Türrahmen und versteht überhaupt nichts. Alle reden durcheinander und Oliver weint unaufhörlich vor sich hin.

Schließlich drängt der Nikolaus ins Haus und meint, man solle Oliver schlafen legen. Fünf Minuten später liegt der kleine Kerl in seinem Bett.

Die Arme fest um den Hals seiner Mutter geschlungen, schnuppert er das ihm vertraute Parfüm und flüstert in ihr Ohr: »Ich hab dich so lieb!«

»Ich hab dich auch lieb, du kleiner Ausreißer.« Liebevoll streichelt sie seine braunen Locken und lächelt ihn an.

»Gut, dass du nicht nach Afrika ausgewandert bist ... du hättest mir doch sehr gefehlt.«

Sie knipst das Licht aus und verlässt auf leisen Sohlen das Zimmer.

Oliver schläft innerhalb weniger Minuten ein, und ab und zu schlüpft das sonore Lachen des Nikolaus' aus der Küche in seine Träume.

Weihnachten aus Sicht
von Kater Fritz

Weihnachten ist allgemein sehr beliebt. Zumindest bei den Menschen. Obwohl in dieser Zeit angeblich am meisten gestritten wird. Wozu also Weihnachten? Ich zumindest brauche es nicht. Aus verschiedenen Gründen.

Als Erstes muss ich an dieser Stelle mit der weitverbreiteten Ansicht aufräumen, die Weihnachtszeit sei die »stade« Zeit. Von wegen! Ich kenne keine Zeit, in der so viel Lärm produziert wird, wie im Dezember. Überall bimmeln Glocken, aus sämtlichen Lautsprechern ertönt die schrecklichste Musik, die man sich als Katze vorstellen kann, und überhaupt ist die Weihnachtszeit eine Zeit, der ich nichts Positives abgewinne.

Das fängt schon damit an, dass um diese Zeit etwas vom Himmel fällt, was ich nicht leiden kann: Schnee. Den Flocken hinterher zu springen, ist ja noch einigermaßen lustig, macht aber nur beim ersten Mal Spaß, danach wird's langweilig, weil die kleinen weißen Dinger sich im

Nu in Luft auflösen, in Wasser besser gesagt. Und Katzen mögen – bis auf einige sehr merkwürdige Ausnahmen – kein Wasser. Erschwerend kommt hinzu, dass dieser Schnee, wenn er sich dann gleichmäßig überall verteilt, anfangs ja ganz hübsch aussieht und man prima darin herumpflügen kann, aber genauso schnell wird daraus ein brauner, hässlicher Matsch, und keine Katze, die was auf sich hält, watet gern im Matsch herum. So, das zum Thema Draußensein in der Weihnachtszeit, abgesehen davon, dass es kalt ist und ich persönlich warme Temperaturen vorziehe – in der Wohnung zum Beispiel.

Apropos Wohnung. In der Weihnachtszeit stehen dort überall Kerzen rum. Das beginnt am ersten Advent ganz harmlos mit einer Kerze. Das heißt, auf dem Tisch stehen zwar vier, angezündet wird aber erst mal nur eine. Der Grund dafür entschließt sich meiner Kenntnis, wird aber schon seine Berechtigung haben. Warum meine Familie diese Dinger überhaupt braucht, ist mir ein Rätsel, schließlich leben wir in einem fortschrittlichen Haushalt und haben elektrisches Licht. Das ist eine praktische Sache. Man braucht nur ein Knöpfchen zu drücken und schon ist es hell. Aber nein, es müssen unbedingt Kerzen sein, diese stinkenden Dinger. Und gefährlich sind sie auch noch. Mir ist da nämlich mal was passiert, mein lieber Scholli! Ich hab es mir ganz arglos auf dem Tisch bequem gemacht. Dabei muss ich zugeben, dass ich das eigentlich nicht darf, aber um Verbote kümmere ich mich nur, wenn's unbedingt sein muss. Mittlerweile haben sie (meine Familienmenschen) das zähneknirschend akzeptiert, auch wenn sie mich hin und wieder mit vorwurfsvollen Blicken bedenken. Aber da steh ich drüber …

Also, ich lümmle auf dem Tisch rum, als ich plötzlich so ein Gefühl am Schwanz spüre. Ein sehr heißes Gefühl, präzise gesagt. Und da war's auch schon passiert: Sämtliche Haare an meiner Schwanzspitze hat's verschmurgelt. Das hat sehr weh getan, gestunken hat's wie die Pest und ein schöner Anblick war's auch nicht, das kann ich dir sagen. Total nackt, mein Schwanzende. Peinlich, peinlich! Wer entblößt sich denn schon gern. Wie das passieren konnte, ist mir ein Rätsel. Gott sei Dank ist mein Haarkleid mittlerweile wieder komplett. Aber trotzdem ... die ganze Pein nur wegen einer blöden Kerze.

Aber Kerzen allein reichen ja nicht, nein, die ganze Wohnung muss dekoriert werden. Kugeln, Bänder, Tannenzweige, Lichterketten und all so'n Kram. Im Grunde wäre ja nichts dagegen einzuwenden, weil man prima damit spielen kann. WENN MAN DARF! Aber ich darf nicht. Nein, ich krieg so richtig Ärger, krieg böse Worte an den Kopf geworfen und werde weggescheucht. Das muss man sich mal vorstellen! Also, wofür das ganze Zeug, wenn man nicht mal damit spielen darf? Völlig überflüssig! Für die Katz' sozusagen, aber dieser Spruch ist ja sowieso gelogen. Alles, was für die Katz ist, ist grundsätzlich nie für die Katz – das weiß ich aus Erfahrung.

Das Nächste, was mich an der Weihnachtszeit stört, ist der Besuch. Permanent klingelt's an der Tür und irgendjemand steht auf der Matte. Wirklich lästig! Die meisten Menschen kenn ich nicht mal, und sie stellen sich auch nicht vor.

Dafür belagern diese fremden Typen ganz frech meine Lieblingsplätze: das Sofa und die Sessel. Wenn sie wenigstens was mitbringen würden – für mich, meine ich. Aber nein, Geschenke kriegt bergeweise meine Familie, die Besucher hocken rum, essen und trinken (und reden und lachen – laut!), und ich gehe leer aus. Sehr egoistisches Verhalten, finde ich. Aber so sind sie halt, die Menschen, denken immer nur an sich. Die Belästigung wird noch dadurch gekrönt, dass sie mir dauernd auf den Pelz rücken. Da haben sie sich aber verrechnet! Und schon so manch einer hat für seine Aufdringlichkeit die Quittung bekommen: ein paar hübsche Kratzer an den Händen, manchmal auch an anderen Stellen. Ich lass mich schließlich nicht von Fremden begrapschen.

Höhepunkt der Weihnachtszeit ist der 24. Dezember. Da schleppt meine Familie einen Baum in die Bude. Ja, richtig gelesen, einen Baum! Als gäb's im Garten nicht genügend Bäume … nein, am Heiligen Abend, so nennen sie diesen Tag (was daran heilig ist, habe ich noch nicht rausgefunden), muss ein Baum die Gegend versperren.

Damit nicht genug, muss dieses pieksende und Nadeln abwerfende Teil dann auch noch »verschönert« werden. Man lese und staune! Ja, die gesamte Familie versammelt sich um das grüne Gewächs und hängt Girlanden und Kugeln an die Zweige. Und nicht zu vergessen: Kerzen! Und die werden dann natürlich angezündet. Das allein reicht aber immer noch nicht, denn es werden auch noch andere Dinger angezündet. »Wunderkerzen« heißen die Funken spuckenden Drähte. Da kann man als Katze nur blitzschnell Fersengeld geben.

Wenn die Kerzen alle brennen und die Wunderkerzen alle spucken (sollten besser »Spuckkerzen« heißen, die Dinger), wird gesungen. Auweia, kann ich da nur sagen, denn von guter Musik haben Menschen wirklich keine Ahnung, das ist in Katzenkreisen hinlänglich bekannt. Aber ich bin tolerant und behalte das für mich – normalerweise. Hier und heute mache ich eine Ausnahme: Diese Singerei ist zum Weglaufen! Vorzugsweise laufe ich in die Küche. Denn während im Wohnzimmer das große Remmidemmi veranstaltet wird, findet in der Küche etwas sehr Spannendes statt: Im Backofen brutzelt ein Tier. Ich vermute, es ist tot. Normalerweise verabscheue ich tote Tiere, doch in diesem Fall sieht die Sache anders aus. Es handelt sich nämlich um eine Gans. Und ich muss sagen, sie mundet. Sie mundet sogar ausgezeichnet. Ich weiß das deshalb, weil ich der Vorkoster meiner Familie bin. Und in dieser Funktion zählt es zu meinen Pflichten, meine Lieben vor Schaden zu bewah-

Lau... hau... te... Nacht...

ren, und dazu wiederum zählt, dass ich alles, was auf den Tisch kommt, probiere. Leider muss ich das heimlich machen, weil es aus irgendeinem – mir nicht bekannten – Grund nicht gern gesehen wird, dass ich die Speisen auf Geschmack und Nährwert hin untersuche. Und um ganz ehrlich zu sein, muss ich gestehen, dass ich oft gar nicht der Vor-, sondern der Nachkoster bin. Nicht freiwillig, nein, gezwungenermaßen! Denn entweder verstecken sie die Leckereien oder stehen direkt daneben und hauen mir auf die Pfoten, wenn ich meiner Pflicht nachkommen möchte. »Undankbarkeit ist der Welt Lohn«, kann ich da nur sagen. Lediglich ab und zu lassen sie sich herab, mir ein paar mickrige Bröckelchen zu servieren. Im Großen und Ganzen aber habe ich Glück mit meiner Familie, und Weihnachten geht ja auch irgendwann vorbei. Das ist das einzig Gute daran. Was wenige Tage danach über einen hereinbricht, ich meine damit Silvester, ist fast noch schlimmer, aber darüber spreche ich ein anderes Mal.

Nikolausgedicht

6. Dezember
welch ein Graus.
Denn heute
kommt der Nikolaus

Das ist dieser lästige Mann,
der so unverschämte
Fragen stellen kann.

Drohend baut er sich vor dir auf,
und deine innere Stimme sagt,
»lauf weg, Mensch, lauf!«

Doch wie festgenagelt steht du da
und hörst ihn fragen:
»Na, wie war's denn so dieses Jahr?«

Natürlich fällt dir auch diesmal nichts ein,
dein Herz rast,
du leidest gar schreckliche Pein.

»Sag an«, geht's dann gleich weiter,
»warst du denn auch brav?«
Er schaut dich an und lächelt heiter.

Schweißperlen laufen dir den Rücken hinab,
mit schlechtem Gewissen murmelst du »Ja«,
und er meint: »Das nehm ich dir nicht ab!«

Fröhlich kreisend schwingt er die Rute,
dabei ruft er laut:
»Aber trotzdem halt ich dir was zugute.
Du bist nur ein Mensch,
und strengst dich recht an,
auch wenn du Fehler machst, dann und wann.

Aber mach nicht immer wieder die gleichen,
es gibt genug andere,
die bis ans Lebensende reichen.

Das war's für heute«, grinst er und geht raus.
Am Himmel steht in weißen Wölkchen:
»Beste Grüße vom Nikolaus.«

Engelsflügel

Es gibt Menschen – zu ihnen zählt mein Freund Daniel – die runzeln bei dem Begriff »Weihnachten« unwillig die Stirn, und wenn sie könnten, würden sie die ganze Angelegenheit aus dem Gedächtnis streichen oder am liebsten ganz abschaffen. Der Grund dafür ist vermutlich ein traumatisches Erlebnis in der Kindheit.

Bei Daniel war das eindeutig der Fall. Er musste sich Weihnachten nämlich immer in Schale schmeißen, was heißt: ein Anzügchen anziehen und sich ein Krawättchen umbinden. Weigerte er sich, drohte Gänsebraten-Entzug und Stubenarrest. Da Daniel Gänsebraten liebte und Stubenarrest hasste, ließ er sich breitschlagen und warf sich alle Jahre wieder zähneknirschend in die von seiner Mutter geforderten Klamotten. Seitdem hegt und pflegt er eine intensive Abneigung gegen Weihnachten und alles, was damit zu tun hat.

Ich dagegen mag die Weihnachtszeit, weil ich mit diesem Begriff angenehme Erinnerungen verbinde. Angefangen bei dem Schnee, der damals noch reichlich von Himmel fiel und das kleine Dorf, in dem wir lebten, mit einer dicken Schneeschicht zudeckte, die waghalsige Schlittenfahrten, hitzige Schneeballschlachten und das Bauen von dicken Schneemännern ermöglichte. Man konnte sich auch hineinlegen (in den Schnee) und Engel produzieren. Man fächerte Arme und Beine mehrmals auseinander, das Ergebnis waren Abdrücke, die der Kontur von Rauschgoldengeln glichen.

Oder die Plätzchen meiner Mutter. Ab Mitte November war sie tagelang damit beschäftigt, Eier aufzuschlagen, Nüsse und Mandeln zu mahlen, Mehl zu sieben, Teig zu rühren und zu kneten, ihn auszuwellen, unterschiedlichste Formen auszustechen, mit Marmelade, Zucker- und Schokoladenguss zu bestreichen und ein halbes Dutzend großer Blechdosen mit den leckeren Gebäckstückchen zu füllen. Natürlich durfte ich nach Herzenslust naschen und jede Sorte ausgiebig probieren. Dabei konnte ich mich nie entscheiden, welche ich am liebsten mochte, was mehrere Testläufe erforderte und meiner Mama ein nachsichtiges Lächeln entlockte.

Oder die riesige Krippe unserer bäuerlichen Nachbarn. Sie nahm die gesamte Essecke in Beschlag, und die aufwendig modulierte Landschaft war mit echtem Moos belegt, das den Raum mit modrig-harzigem Waldgeruch erfüllte. In dem Moos steckten winzige Bäume und Sträucher und dazwischen tummelten sich handgeschnitzte, bunt bemalte Figuren. Unzählige Schafe – darunter natürlich auch ein schwarzes – Hirten und Hunde, und in der Mitte der Stall mit Maria und Josef und dem Jesulein, in einer Krippe liegend, von schlafenden Kühen eingerahmt und den Heiligen Drei Königen bewacht.

Besonderheit des Ganzen war ein winziges Bächlein, das einem ebenso winzigen Berg entsprang, leise nach unten plätscherte und in einem kleinen See endete, von wo aus eine elektrische Pumpe das Wasser unterirdisch wieder nach oben beförderte. Der Aufbau dieses Kunstwerks dauerte ungefähr eine Woche, und diese Krippe war die schönste im ganzen Dorf, was jedes Jahr eine Menge Besucher anlockte, die staunend davor standen und »Oh!« sagten.

Ja, und dann der Heilige Abend. Die Männer (Vater und mein Bruder) stellten den Baum auf, die Frauen (Mama, meine Schwester und ich) schmückten ihn. Silbernes Lametta, weißes Engelshaar, rote Kerzen, und ganz oben prangte eine Kugelspitze, die gehütet wurde wie ein Augapfel, weil sie aus mundgeblasenem, hauchdünnen Glas und (für damalige Verhältnisse) sehr teuer gewesen war.

Stand der Baum, begab Mama sich in die Küche, um das obligatorische Weihnachtsessen zuzubereiten. Weißwürste in Polnischer Soße. Das ist eine Soße aus Lebkuchen und Malzbier. Und jedem, der jetzt die Nase rümpft, weil er die Kombination einer bayrischen Weißwurst mit Lebkuchensoße für abstrus hält, sei gesagt: Sie ist nicht abstrus, sondern schmeckt göttlich! Dazu gab es Salzkartoffeln und Sauerkraut. Während köstliche Düfte aus der Küche drangen, saßen meine Geschwister und ich am Tisch und überbrückten die unerträgliche Wartezeit mit Gesellschaftsspielen. »Mensch ärgere dich nicht« war es meistens, und ich ärgerte mich jedes Mal, weil mein Bruder grundsätzlich besser spielte als ich, ständig meine Steinchen raus schmiss und immer gewann. Dazu feixte er grinsend, was meinen Ärger noch vergrößerte.

Nachdem ich mindestens vier Weißwürste gegessen hatte, und auch die anderen volle Bäuche hatten, war es endlich soweit: Die ersehnte Bescherung begann und wurde mit Weihnachtsliedern eingeleitet. Wunderkerzen versprühten knisternde Sternchen, mein Bruder spielte Mundharmonika, ich Blockflöte, die Eltern und meine Schwester sangen. Während ich »Stille Nacht« und »Oh du Fröhliche« blies, schielte ich bereits ungeduldig auf die Päckchen, die unter dem Baum lagen. Weil wir in der Nachkriegszeit bettelarm waren, handelte es sich bei dem Inhalt der in buntes Papier verpackten Kartons meistens um pragmatische Geschenke. Ein handgestrickter Pullover zum Beispiel oder eine selbst genähte Jacke. Eine kleine vom Mund abgesparte Überraschung war trotzdem immer dabei, und auf eines konnte ich mich grundsätzlich verlassen: drei, vier Bücher. Nach der Bescherung fläzte ich mich mit einem davon aufs Sofa, schnabulierte Plätzchen und Apfelsinen (damals eine Kostbarkeit, die es nur zur Weihnachtszeit gab) und las es in einem Zug durch, während die Kerzen am Baum flackerten, ab und zu zischten und zusammen mit dem Duft von Tannennadeln und Apfelsinenschalen diese einzigartige Weihnachtsstimmung verbreiteten.

Besinnlich-gemütliche Geborgenheit, das ist meine Erinnerung an Weihnachten. Die Erinnerung an meinen cholerischen Vater, der es mehr als einmal geschafft hat, diese wunderbare Atmosphäre aufgrund irgendeiner Kleinigkeit mit einem Wutanfall zu zerstören und für miese Stimmung zu sorgen, habe ich verdrängt. Denn nur die guten Erinnerungen tragen uns auf Engelsflügeln durchs Leben. Besonders in der Weihnachtszeit.

Weihnachtlicher Sinneswandel

»Sti-hil-le Nacht, Hei-li-ge Nacht« klang es aus den Lautsprechern. Kerzen flackerten auf dem Tisch und dem mit Engelshaar, Lametta und roten Kugeln geschmückten Tannenbaum.

Die Frau mit den grauen Löckchen hatte gerade ihr Abendessen beendet und war im Begriff, sich einen Sherry einzuschenken (sie nahm ihren Sherry immer nach und nicht vor dem Essen), als es an der Tür klingelte. Überrascht schaute sie auf die Uhr. Halb acht, wer konnte das sein? Sie erwartete keinen Besuch. Seit ihr Mann nicht mehr lebte, war es einsam geworden um sie.

Auf Zehenspitzen schlich sie zur Tür und linste durch den Spion. Dahinter stand Herr Moser, der Gemeindepfarrer. Vermutlich wollte er den obligatorischen Christstollen überreichen. Normalerweise machte er das am ersten Weihnachtsfeiertag. Heute aber war Heiliger Abend.

Sie öffnete.

»Hallo Frau Schupfner … entschuldigen Sie bitte die Störung.«

»Kein Problem, kommen Sie rein.«

Sie winkte ihn nach drinnen. Er trat über die Schwelle, einen Weidenkorb in der Hand. Sollte da etwa der Stollen drin sein? Na ja, dieses Jahr vielleicht mal was anderes. Wäre auch nicht schlecht. Sie mochte Stollen nicht besonders, hatte sich aber nie getraut, etwas zu sagen.

»Wie wär's mit einem Glas Sherry?«

»Nein danke, ich muss gleich wieder weg.«

»Was kann ich denn für Sie tun?«

»Für mich nichts ... aber für die Kleine da.«

Herr Moser hob den Korb hoch, und Frau Schupfner warf einen Blick durch das Gitter. Dahinter befand sich kein Stollen, sondern ein junges Kätzchen, das mit großen Augen um sich schaute.

»Das ist ja eine Katze ...«, sagte Frau Schupfner.

»Gut beobachtet«, grinste Herr Moser.

»Und was soll ich damit?«

»Na, was wohl ... sich um sie kümmern natürlich.«

»Ich brauch keine Katze.«

»Gut möglich, aber die Katze braucht Sie.«

Frau Schupfner runzelte die Stirn.

»Die Mutter der Kleinen ist heute gestorben«, sagte Herr Moser mit getragener Stimme.

»Oh!«

»Überfahren worden, genauer gesagt, von einem dieser Moped-Rowdys.«

»Oh!« Mitleidig schaute Frau Schupfner auf das Tier und steckte ihren Finger durch das Gitter. »Du arme kleine Waise …« Sie stupste mit dem Finger an das Näschen der kleinen Katze, die neugierig nach vorn gerückt war.

»Die Katze gehört ins Tierheim«, meinte Frau Schupfner.

»Das Tierheim ist voll von Katzen«, sagte der Pfarrer.

»Na, dann kommt's auf eine mehr oder weniger auch nicht an.«

»Hmmmh«, sagte der Pfarrer, der sich das Ganze vermutlich anders vorgestellt hatte, und kratzte sich am Kopf.

»Liebe Frau Schupfner«, sagte er dann, legte entschlossen seinen Arm um die Schulter der

alten Dame und schob walzerähnlich ein paar
Schritte mit ihr durchs Wohnzimmer. »Ich mach
Ihnen einen Vorschlag: Das Kätzchen bleibt über
Weihnachten bei Ihnen, und dann reden wir wei-
ter. In Ordnung?«

Unschlüssig schaute Frau Schupfner ihren Seel-
sorger an. »Ehm … das geht nicht, ich hab kein
Katzenfutter und auch kein Katzenklo«, sagte
sie, sichtlich erleichtert über diese Tatsache.

Herr Moser strahlte.

»Daran hab ich natürlich gedacht … hab alles
Notwendige im Auto.«

Ehe Frau Schupfner antworten konnte, drehte
er sich auf dem Absatz um und eilte wohlgemut
nach unten.

Zwei Stunden später lag Frau Schupfner auf
dem Sofa und schaute fern. Das Kätzchen, das
mittlerweile die ganze Wohnung inspiziert und
beschnuppert hatte, lag auf Frau Schupfners
Schoß und spielte vergnügt mit den Troddeln
eines Brokatkissens.

Weitere drei Stunden später lag Frau Schupfner im Bett und las ein Buch. Nicht weit entfernt,

auf dem Kopfkissen ihres verstorbenen Mannes, lag eingeringelt das Kätzchen. »Rosi«, so war es von Frau Schupfner mittlerweile getauft worden, hatte die Augen geschlossen und schnurrte zufrieden.

Am nächsten Morgen wachte Frau Schupfner auf, weil Rosi mit einem ihrer Lockenwickler spielte.

Gegen Mittag robbte Frau Schupfner bäuchlings auf dem Fußboden herum und kullerte eine selbst gebastelte Maus aus Resten von Socken-Strickwolle über den Teppich. Rosi jagte ausgelassen hinterher, und Frau Schupfner lachte herzhaft – wie schon seit Jahren nicht mehr.

In der darauf folgenden Nacht lag Rosi wieder auf Herrn Schupfners Kissen. Aber nur bis kurz nach zwei. Dann wachte es auf, tippelte ein bisschen auf dem Bett herum, machte es sich an der Zudecke von Frau Schupfner zu schaffen, steckte erst sein Köpfchen darunter, schob dann den kleinen Körper nach und kuschelte sich schließlich an die Hüfte der alten Dame. Als die das bemerkte, lächelte sie glücklich ins Dunkel.

Nach den Weihnachtsfeiertagen bekam Frau Schupfner Besuch von Herrn Moser. Auf seine Frage, ob Frau Schupfner das Kätzchen denn nun ins Tierheim geben wolle, meinte diese, dass Herr Moser wohl nicht ganz bei Trost sei, bot ihm aber trotzdem einen Sherry an.

P. S.: Den Stollen hatte Herr Moser in jenem Jahr vergessen – was Frau Schupfner ihm aber nicht übel nahm.

Ein kleines Weihnachtswunder

Wie bestellt, rieselt zwei Tage vor dem Heiligen Abend leise der Schnee. Dick vermummt schlendert Anna über den Weihnachtsmarkt – rund zwei Dutzend mit Girlanden aus Tannenreisig geschmückte Bretterbuden rund ums Münster. Der Geruch von gerösteten Maroni, Glühwein und Bratwürsten liegt in der Luft. Genau wie früher. Überhaupt ist alles wie früher. Durch die Lautsprecher tönt Weihnachtsmusik, Lichterketten leuchten, Menschen schleppen Christbäume und vollbepackte Tüten, verfolgt von kleinen Atemwölkchen.

Anna schleppt nichts. Ihre Hände stecken in den Manteltaschen. Dort werden sie auch stecken bleiben, denn sie wird keine Geschenke kaufen. Sie wird einen Glühwein trinken, eine Bratwurst essen und dann wieder nach Hause fahren. In ihr neues Zuhause!

Ihr neues Zuhause ist ihr altes Zuhause. Beinahe. Denn ihr tatsächliches altes Zuhause existiert nicht mehr. Es fiel vor einigen Jahren der

Abrissbirne zum Opfer und ist einem Neubau gewichen. Aber sie hat eine Wohnung gefunden, nicht weit entfernt von dem Bauernhaus, in dem sie aufgewachsen ist. In dem kleinen Dorf, wo sie 18 Jahre gelebt hatte. Kaum volljährig, ergriff sie die Flucht und zog in die Stadt. Dort bewohnte sie ein kleines Apartment, wo sie ihre ersten Liebesnächte zelebrierte – bei Kerzenlicht und Räucherstäbchen. Liebhaber zu finden, war für Anna nicht schwer. Ein Besuch in der Diskothek genügte. Dort standen die Verehrer Schlange nach der hübschen jungen Frau mit dem geschliffenen Mundwerk. Und Anna kostete das Angebot in vollen Zügen aus. Es war die Zeit der freien Liebe. Damals gab es schon die Pille und Aids war noch kein Thema.

Eines späten Abends lernte sie Hajo kennen. In besagter Diskothek. Mit einem Freund stand er an der Bar und warf ihr immer wieder begehrliche Blicke zu. Irgendwann forderte er sie zum Tanzen auf. Sie tanzten eine Stunde lang. Stehblues. Sie verliebte sich sofort in den hochgewachsenen, gut aussehenden Jurastudenten. Offiziell gingen sie seitdem miteinander, was Hajo aber nicht davon abhielt, jede attraktive Frau abzuschleppen, die seinen Weg kreuzte. Er war stadtbekannt für seine Amouren. »Schieß den Typen in den Wind«, sagte ihre Freundinnen und Verehrer, die nicht zum Zuge kamen, »das hast du doch nicht nötig.«

»Er ist ein arroganter Fatzke«, sagte ihre Mutter, nach dem sie Hajo kennengelernt und weitere Zusammentreffen mit ihm kategorisch verweigert hatte. Aber Anna schoss den arroganten Fatzke nicht in den Wind. »Ich liebe ihn«, beteuerte sie immer wieder und drückte beide Augen zu, wenn mal wieder das Gerücht um eine neue Liebschaft kursierte. Sie litt, ohne Vorwürfe, dafür mit der Hoffnung, irgendwann auf Gegenliebe zu stoßen. Aufregende Liebesnächte waren immer wieder Grund genug, diese Hoffnung zu nähren.

Dann absolvierte Hajo sein erstes Staatsexamen und reiste anschließend in die USA, um in einer renommierten Kanzlei in San Diego sein Auslandspraktikum zu absolvieren. Sie hörte und las wochenlang nichts von ihm. Im Briefkasten fand sie alles Mögliche, aber keine Post aus Kalifornien.

Anna steht vor dem einzigen Würstchenstand, wo auf Holzkohle gebraten wird. Die besten Würste auf dem ganzen Weihnachtsmarkt, entsprechend lang ist die Schlange hungriger Menschen. Endlich ist sie dran und bestellt eine Rinderbratwurst – in einem länglichen Brötchen auf Zwiebelringe gebettet. Das Brötchen mit dem kross gebratenen Inhalt in der Hand lässt sie Senf aus einer Plastikflasche auf ihre Wurst tropfen. Auf die freute sie sich schon den ganzen Tag und das Wasser läuft ihr im Mund zusammen. Genüsslich führt sie die Wurst zum Mund, als jemand neben ihr sagt:

»Anna?«

Mit der Wurst in der Hand dreht Anna sich zur Seite. Eine Frau steht neben ihr. Das Gesicht kommt ihr zwar bekannt vor, aber sie weiß es nicht einzuordnen. Die Frau ist in ihrem Alter, schlank, mit kurzen blonden Haaren. Braune

Augen lächeln sie fragend an. Anna überlegt, die Jahre laufen im Zeitraffer ab und machen Halt in der zehnten Klasse auf dem Gymnasium. In der Reihe neben ihr saß Maria, ein blondes Mädchen, schlank, braune Augen. Maria war neu in der Klasse. Es war Sympathie auf den ersten Blick. Nach wenigen Wochen nur waren sie beste Freundinnen. »Anna-Maria« nannte man sie spöttisch, weil sie unzertrennlich waren.

»Maria?«

»Ja!« Die Frau strahlt. »Mensch, Anna, wo kommst du denn her …«

»Ich wohne seit ein paar Tagen wieder hier. In meinem alten Dorf, genau gesagt …«

Zwei Stunden später sitzt Anna mit Maria auf dem Sofa in ihrer frisch bezogenen Wohnung, in dem kleinen Kamin flackert ein Feuer. Anna hat eine Flasche Rotwein aufgemacht und die auf dem Weihnachtsmarkt gekauften Plätzchen in einer Silberschale auf den Tisch gestellt. Maria wühlt in einem Fotokarton herum, der zwischen den Weingläsern und der Plätzchenschale steht.

Lachend betrachten die Frauen Fotos aus ihrer Teenagerzeit und von der Abiturfeier, als Maria wieder ein Foto aus dem Karton zieht und eine Weile anschaut.

»Erinnerst du dich an David?« Sie hält Anna das Foto vors Gesicht.

»Natürlich«, sagt Anna, »er war der Beste von allen.«

»Und genau *dem* hast du den Laufpass gegeben.«

»Ja, genau *dem* habe ich den Laufpass gegeben.«

Dreißig Jahre früher. Sommer. Schwimmbad.

»Kannst du Haare schneiden?«

Vor Anna stand ein junger Mann um die zwanzig, lange, wohlgeformte Beine, lange, braune Haare.

»Hab's noch nie probiert.«

»Dann hast du jetzt eine prima Gelegenheit dazu.« Der junge Mann grinste.

»Setz dich.«

Anna deutete neben sich auf die Betonstufe, auf der sie im Sommer täglich lag. Die Betonstufen neben dem Schwimmbecken waren begehrte Liegeplätze im Schwimmbad – mitten in der Stadt. »Studentenbad« wurde es auch genannt, weil es nur wenige Minuten von der Uni entfernt lag und die Besucher zu 90 Prozent aus Studenten bestanden.

»Ich schau nicht gern zu Männern hoch.«

»Das dachte ich mir.« Der junge Mann grinste und setzte sich neben sie. Seine blauen Augen blitzten. Die Lachfältchen darum herum strahlten.

Am Freitag nähte Anna sich mithilfe ihrer Mutter aus weißem Baumwollstoff mit buntem Blumenmuster ein langes, einfach geschnittenes, ärmelloses Kleid. Am Samstag schnitt Anna dem jungen Mann, der David hieß, die Haare, und danach besuchten sie gemeinsam den Uniball, wo sie die ganze Nacht miteinander tanzten. Seit dieser Sommernacht waren Anna und David ein Paar.

Sie verstanden sich prima. Sie lachten über die gleichen Dinge, hatten ähnliche Interessen und Lebensanschauungen. Und waren sie mal nicht derselben Meinung, wurde zwar heftig, aber immer respektvoll diskutiert. David war liebenswürdig, zuvorkommend, gebildet und ein zärtlicher Liebhaber. Sie verstand sich gut mit seinen Freunden und er mit ihren. Mit David war alles ganz anders als mit Hajo. Anna fühlte sich aufgehoben und geborgen.

»Der ist der Richtige für dich!«, sagte Annas Mutter und lächelte zufrieden.

An einem warmen Septembertag schlenderten Anna und David Hand in Hand durch die Innenstadt. Vor einem Juweliergeschäft blieben sie stehen und betrachteten die Auslage im Schaufenster.

»Hübsche Ringe«, sagte David, »schön schlicht.« Er deutete auf ein Paar schmaler Eheringe aus Weißgold.

»Ja, schön schlicht«, sagte Anna.

»Sollen wir reingehen und sie anprobieren?«

»Anprobieren? Wozu das denn?«

»Ach, einfach nur so. Mal gucken, ob sie uns passen.«

»Mal gucken, ob sie uns passen?!«

Anna runzelte die Stirn, und David grinste. Wenige Minuten später standen die beiden im Laden und steckten sich die Ringe an. Die passten wie angegossen.

»Die nehm ich«, sagte David und zog den Geldbeutel aus der Hosentasche. Mit großen Augen schaute Anna ihn schräg von der Seite an, sagte aber nichts. Der Verkäufer verstaute die Ringe in einem Kästchen aus blauem Samt mit goldgeprägtem Firmenemblem, David bezahlte, steckte das Kästchen in die Seitentasche seiner Lederjacke, legte den Arm um Anna, und sie verließen das Juweliergeschäft wieder.

Wenige Minuten später saßen sie auf dem Rand eines Brunnens auf dem Münsterplatz und aßen Eis. Ein laues Lüftchen wehte, die Sonne schien, der Himmel war wolkenlos blau.

»Willst du mich heiraten?«, fragte David.

»Ja«, sagte Anna.

David zog das Samtkästchen aus seiner Tasche, und sie steckten sich gegenseitig die Ringe an. »So, jetzt sind wir verlobt«, sagte er und küsste sie. Mit gespreizten Fingern streckten beide ihre linken Hände in die Luft und lachten.

»David ist ein netter Junge«, sagte Annas Mutter. »Also sei auch nett zu ihm.«

»Versprochen!«, sagte Anna und war zuversichtlich, das Versprechen halten zu können.

Anfang Oktober zog Anna einen Luftpostbrief aus dem Briefkasten.

»Liebe Anna, die Zeit in den USA ist spannend. Ich genieße das Leben hier, aber ich denke oft an dich. Du fehlst mir.

Liebe Grüße – Hajo«

Als Anna diese Zeilen las, klopfte ihr Herz. Sie las die wenigen Worte ein zweites Mal, dann zerriss sie den Brief in kleine Schnipsel.

Bis Ende Oktober kam jede Woche ein Luftpostbrief aus den USA. Der Inhalt war jedes Mal ähnlich. »Du fehlst mir ...«, stand immer am Ende. Und im letzten Brief stand noch: »Ich komme Anfang November zurück. Ich freue mich auf dich!«

»Wir sollten bald heiraten«, sagte Anna.

»Wann immer du willst«, sagte David.

Als Termin beim Standesamt wurde Freitag, der 1. Dezember vereinbart, und gefeiert werden sollte am Tag darauf. Eine fröhliche Adventsfeier sollte es werden. So war zumindest der Plan.

Zwei Wochen vor der Hochzeit, Samstag Nachmittag. Anna und David tranken Tee in Annas Apartment. Die Türklingel ertönte.

»Erwartest du Besuch?«, fragte David.

»Nein«, sagte Anna, drückte den Türöffner, ging ins Flur und schaute nach unten. In der Treppenkurve tauchte ein Männerkopf auf. Hajo!

Sie ging ihm entgegen. Er wollte sie umarmen. Sie wehrte ihn ab und hielt ihm ihren linken Ringfinger vor die Nase.

»Ich bin verlobt!«, sagte sie triumphierend.

»Ich liebe dich!«, sagte er. »Ich kann ohne dich nicht leben!«

Wenige Minuten später stürmte David die Treppe runter. Anna hatte ihm gesagt, dass sie ihn nicht heiraten könne.

Wenige Wochen später packte er seine Sachen und verließ die Stadt.

Hajos Liebe kühlte schnell ab. Genau gesagt verliebte er sich bei einer Familienfeier »unsterblich« in eine entfernte Cousine und bekundete Anna gegenüber ausdrücklich sein Bedauern.

Anna versuchte Davids Adresse herauszufinden, doch seine Freunde blieben eisern. Sie brach ihr Studium ab und trat einen Job als Vertriebsassistentin bei einem südafrikanischen Weingut an. Innerhalb weniger Jahre machte sie Karriere, war zuständig für den weltweiten Vertrieb exklusiver Weine und ständig unterwegs. Nachdem sie die ganze Welt bereist hatte und ihr das Nomadenleben keinen Spaß mehr machte, übernahm sie die Geschäftsleitung eines Weingutes in Kalifornien. Dort lebte sie bis zum Tod ihrer Eltern, die beide innerhalb eines Jahres starben. Die Mutter im Februar, der Vater im August. Zur Beerdigung des Vaters nahm sie zwei Wochen Urlaub. Machte ausgiebige Ausflüge durch die alte Heimat und beschloss spontan, ihre Zelte in den USA abzubrechen und sich eine Wohnung in ihrem Heimatdorf zu suchen. Es dauerte nur ein paar Tage und sie hatte eine gefunden. Einen Steinwurf vom Haus ihrer Kindheit entfernt. Bei ihren früheren Nachbarn war die Dachgeschosswohnung frei geworden. Vom Schlafzimmerfenster aus hatte sie freien Blick auf den dörflichen Weinberg – eine kleine Reminiszenz an ihren Job, der sie fast drei Jahrzehnte mit Freude erfüllt hatte.

»Hast du jemals was von David gehört?« Maria schaut Anna fragend an.

»Nein.«

»Schade, ihr habt so gut zueinandergepasst.«

»*Zu* gut, das war das Problem.«

»Wie bitte?!«

»Ja, ich konnte nicht damit umgehen, dass wir uns so gut verstanden haben. Ich war Streit und Auseinandersetzungen mit meinem Vater gewöhnt. Deshalb bin ich auf Hajo auch so abgefahren. War alles so vertraut – die verbalen Kämpfe, der Liebesentzug, die Respektlosigkeiten. Die Harmonie mit David war mir irgendwie suspekt. Anders kann ich mir das nicht erklären. Auch die Psychologin, mit der ich das Thema in vielen Sitzungen durchgekaut habe, ist dieser Meinung. Hajo war schließlich nicht der einzige Mann, der mich verarscht hat. Nach ihm kamen noch weitere Idioten. Einer nach dem anderen, so lange, bis ich es kapiert habe.«

»Und jetzt – hast du eine Beziehung?«

»Nein. Ich brauch auch keine. Komm gut mit mir allein zurecht.« Anna zieht einen Zimtstern aus der Plätzchenschale und beißt eine Zacke ab. »Aber in letzter Zeit denke ich öfter an David. Wer weiß, wie mein Leben verlaufen wäre, wenn ich mich damals nicht für Hajo entschieden hätte. Mein Gott, war ich bescheuert ...« Sie knabbert am Zimtstern herum und schaut versonnen ins Feuer. »Ich wüsste gern, wo er lebt, was er macht – wie es ihm geht.«

»Wer, Hajo?«

»Quatsch, David natürlich.«

Maria nippt an ihrem Rotwein und lächelt ver-schmitzt.

»Gut geht's ihm«, sagt sie dann.

»Wie bitte?!« Anna starrt Maria an. »Woher weißt du das?«

»Ich treffe ihn ab und zu«, antwortet Maria. »Er lebt in der Nähe von Colmar. Führt dort eine kleine Gärtnerei.«

»Eine Gärtnerei?«, sagt Anna, »er hat doch Politologie studiert.«

»Er brach sein Studium ab und lebte ein paar Jahre in Kanada. Hat Bäume gepflanzt …«

Maria macht eine Pause.

»Apropos Bäume. Hast du schon einen Weih-nachtsbaum?«

»Ich steh nicht so auf religiöse Rituale.«

»Dann solltest du dieses Jahr vielleicht mal ne Ausnahme machen.« Maria grinst. »Ich kenne da eine Gärtnerei im Elsass, die hat so viele Weih-nachtsbäume, dass sie sogar welche verkauft.«

23. Dezember. Die Schneewolken haben sich verzogen, die Sonne scheint und verleiht der

funkelnden Winterlandschaft weihnachtlichen Glanz. Anna frühstückt ausgiebig und durchwühlt dann den Kleiderschrank nach passenden Klamotten. Sie will gut aussehen für die bevorstehende Begegnung. Letztendlich entscheidet sie sich für Jeans und einen schwarzen Rollkragenpullover. Auch auf Schminke verzichtet sie. Eine tönende Gesichtscreme und ein bisschen Lippenstift, das reicht. Den kamelfarbenen Kaschmirmantel übergeworfen, und los geht die kleine Reise ins Ungewisse.

Die Fahrt ins Elsass dauert keine dreiviertel Stunde. Anna muss ihr Ziel nicht suchen, die Gärtnerei liegt – von Weitem sichtbar – am Ortsanfang. Ein riesiger Ballon in Nikolausform schwebt über einem opulent geschmückten Christbaum an der Einfahrt. Anna stellt ihr Auto ganz hinten auf dem Parkplatz ab und steigt aus. Der Geruch von Holzkohlenfeuer liegt in der Luft. Die Sonne hat sich wieder verzogen, dunkelgraue Wolken ziehen am Himmel entlang. Gemächlich geht Anna auf den Eingang zu. Eine alte Pferdekutsche steht davor, gefüllt mit Paketen und Päckchen, in Goldpapier eingewickelt und mit rotem breiten Band verziert. Anna spürt ihr Herz klopfen.

Sie geht durch die automatische Tür, betritt den mit Menschen angefüllten Verkaufsraum. Weihnachtsplätzchen und heiße Getränke werden angeboten. »Geschenk des Hauses!« Sie lässt sich Zeit. Knabbert *Springerle* und trinkt Glühwein aus einem blauen und mit Rentieren bemalten Keramikbecher. Schlendert die Auslagen entlang, kauft ein paar mundgeblasene Weihnachtskugeln und einen kleinen dicken Engel mit roten Bäckchen.

Dann geht sie in das Gewächshaus neben dem Verkaufsraum. Es ist menschenleer, auch die Holztische sind nahezu leer gefegt. Nur ein paar einsame Christsterne und Tannenreisigbündel sind stumme Zeugen für den Käuferansturm der letzten Tage.

Eine Tür führt nach draußen zu den Weihnachtsbäumen. Dort ist ein Mann in den Fünfzigern mit Lammfelljacke und Strickmütze gerade dabei, eine Weißtanne durch ein Rohr in ein

Netz zu schieben. Anna bleibt stehen und beobachtet ihn aus einigen Metern Entfernung. Der Mann übergibt die Tanne im Netz dem Käufer, schüttelt ihm zum Abschied die Hand, und dabei fällt sein Blick in Annas Richtung. Langsam kommt er auf sie zu.

»Kann ich was für Sie tun?« Seine Stimme ist tief, kräftig und ohne Akzent.

»Ja«, sagt Anna, »ich hätte gern einen schönen Christbaum.«

»Blautanne, Weißtanne, Coloradotanne oder Fichte?«

»Ist mir egal, Hauptsache, der Baum riecht gut und nadelt nicht so schnell.«

»Dann empfehle ich eine Coloradotanne, die riecht am besten und hält lange. Ich glaube, ich habe sogar noch zwei davon. Sie können also wählen.«

»Ach«, sagt Anna, »für's Auswählen hatte ich noch nie ein gutes Händchen ... übernimm du das doch bitte für mich.«

Der Mann stutzt und schaut Anna aufmerksam an. Dann zieht er die Mütze vom Kopf und streicht sich mit seiner sehnigen, ringlosen Hand übers Haar. Seine blauen Augen peilen durch die randlosen Brillengläser. Dann zieht ein feines Lächeln über sein Gesicht.

»Du bist Anna!«

»Ja, David«, sagt sie leise, »ich bin Anna.«